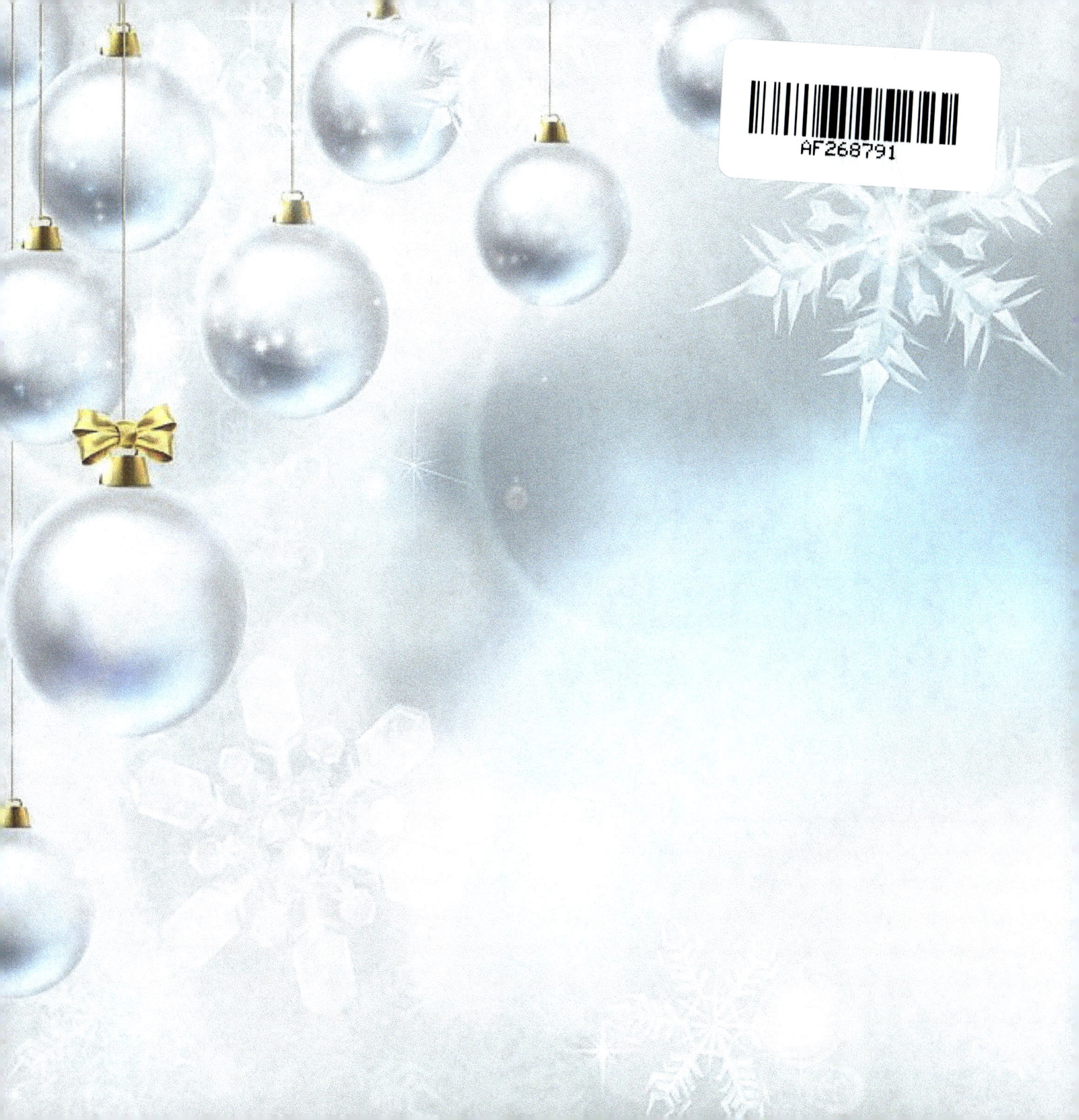
AF268791

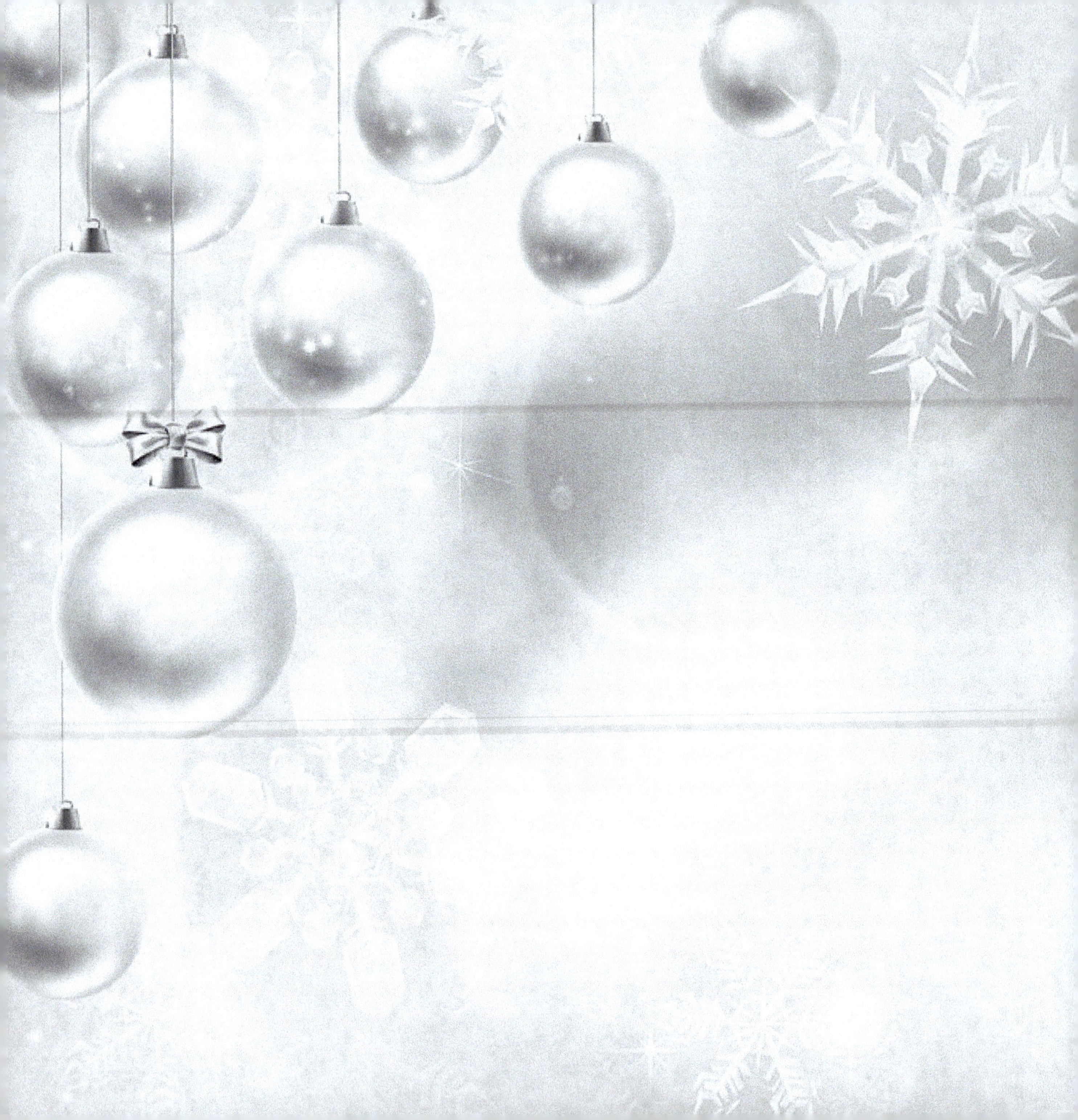

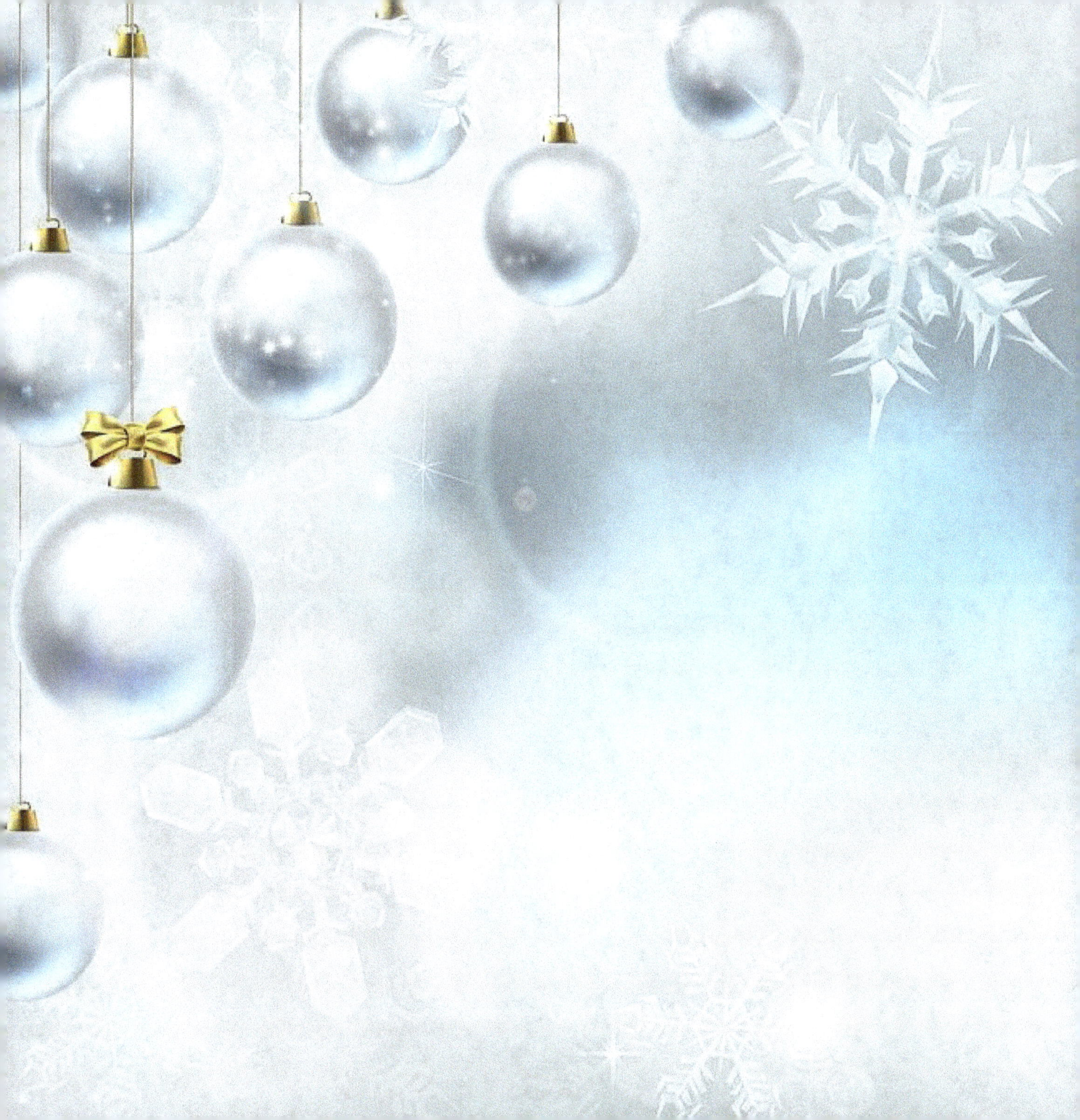

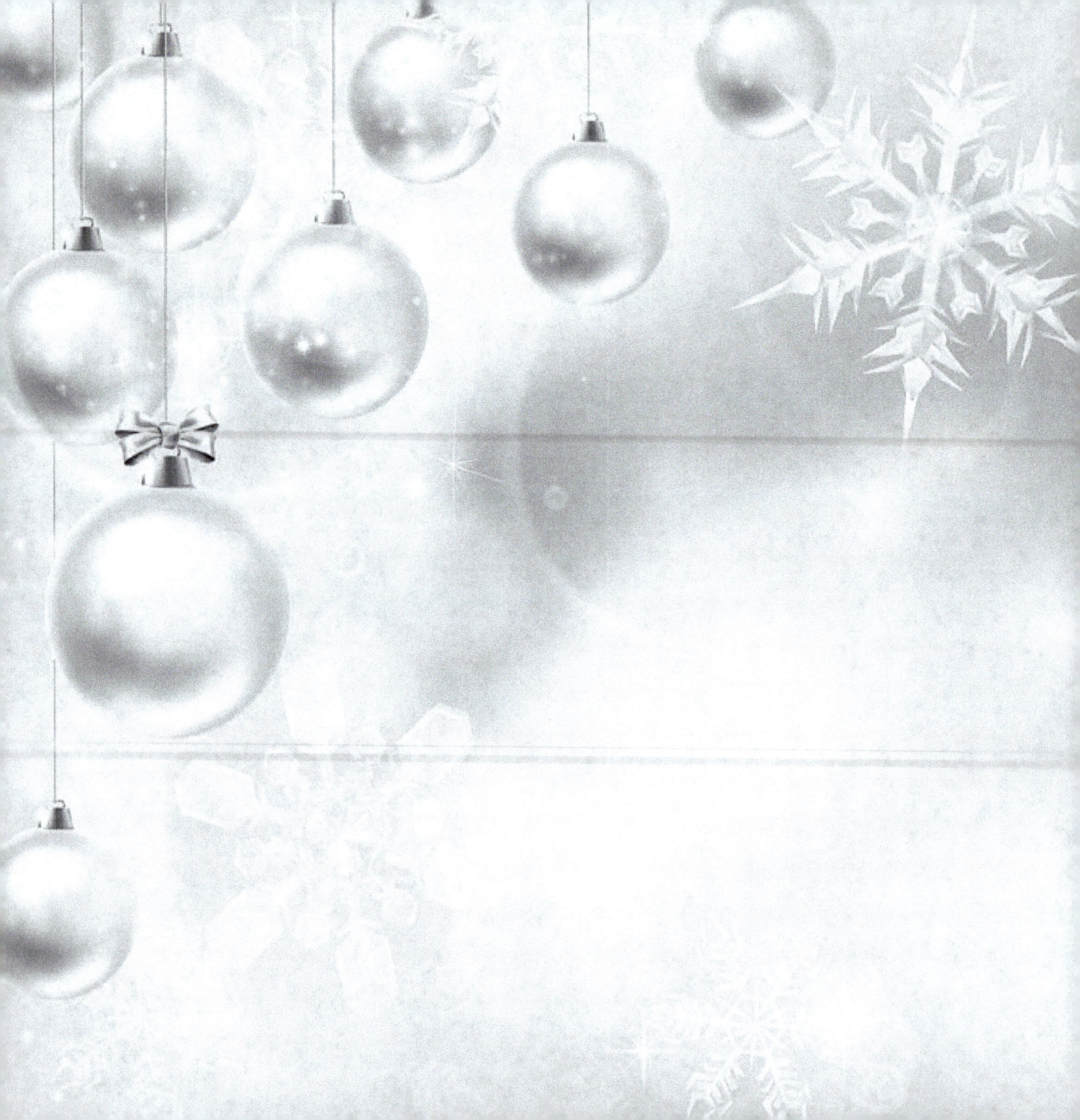

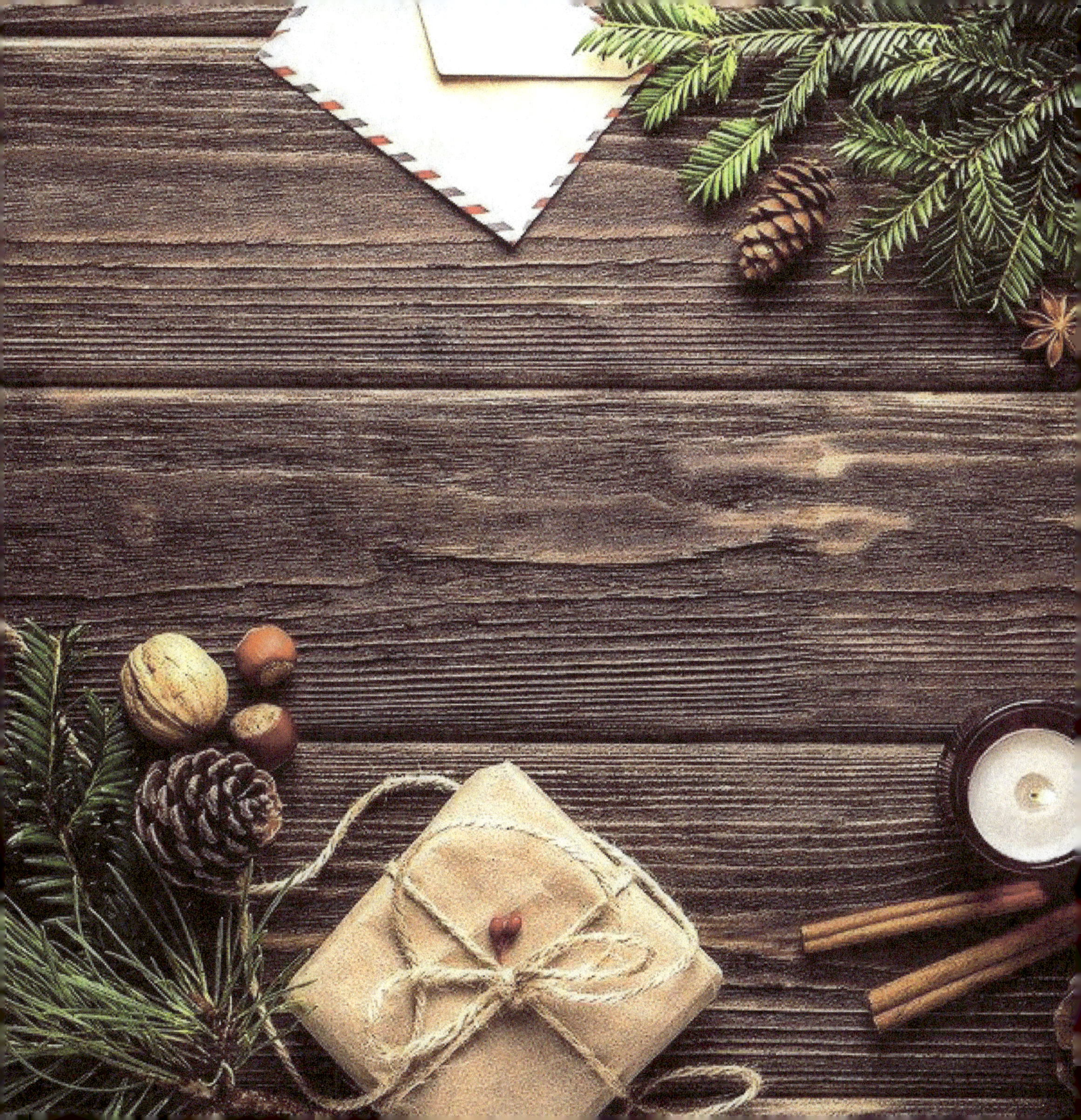

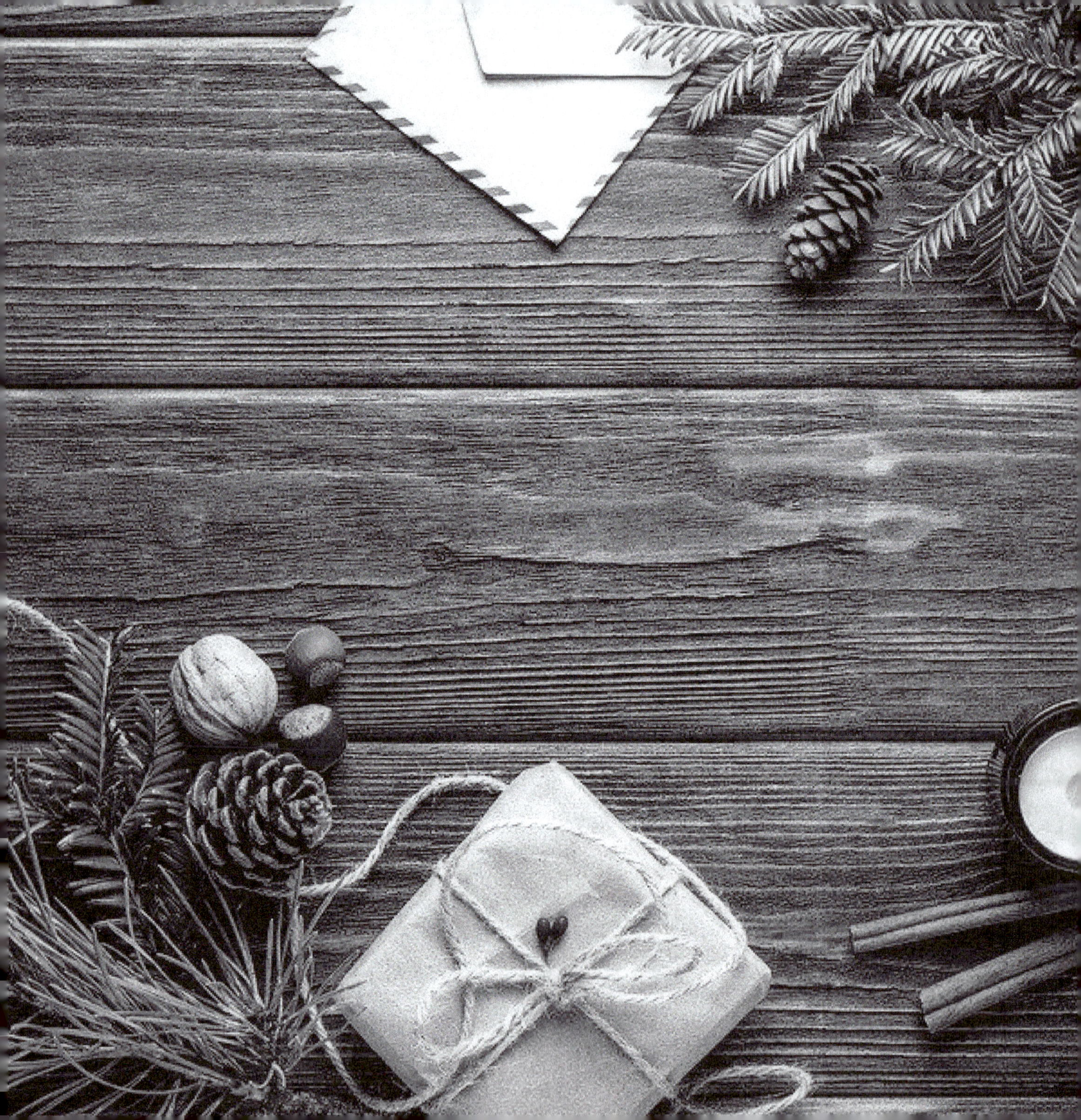

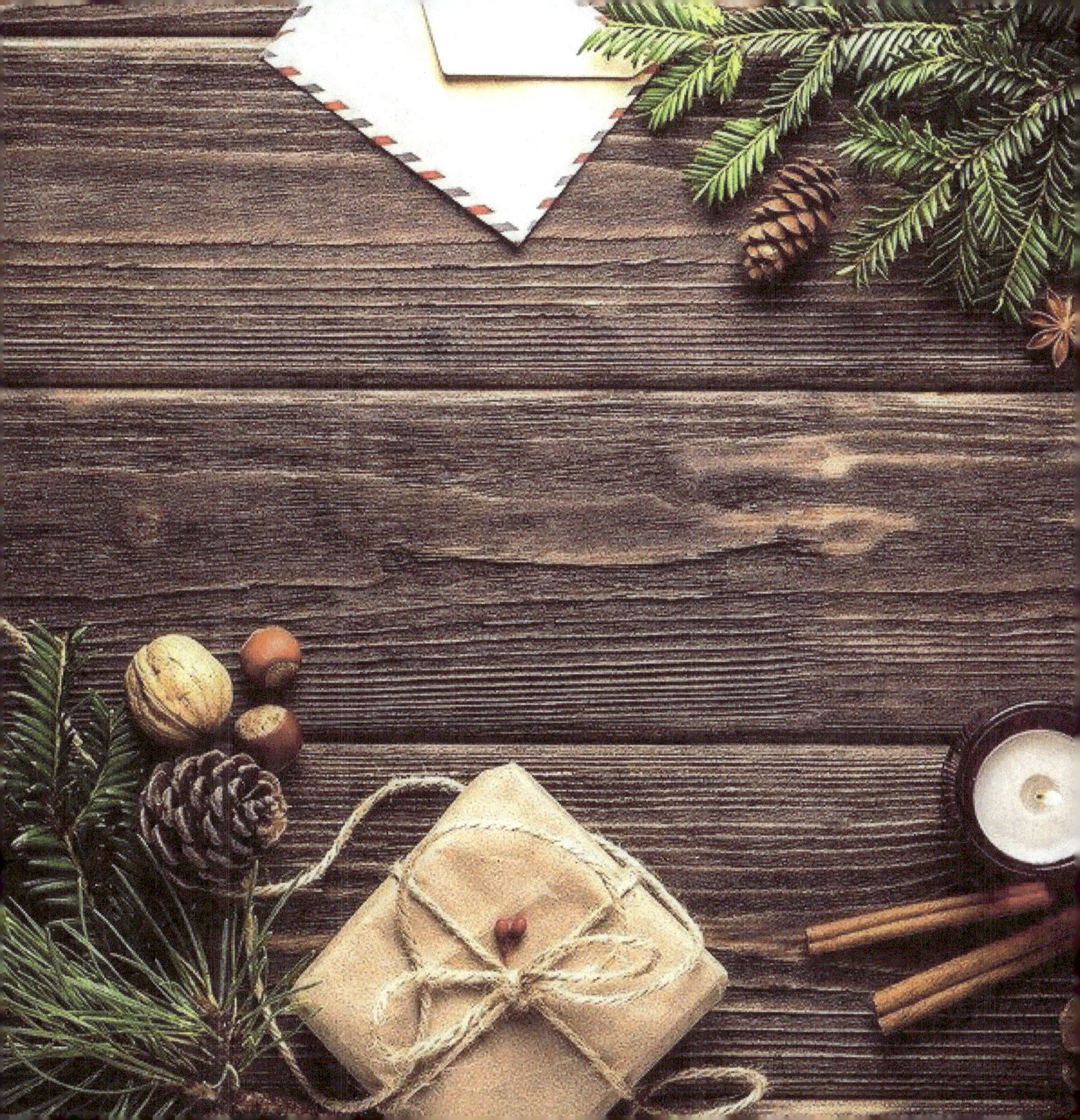

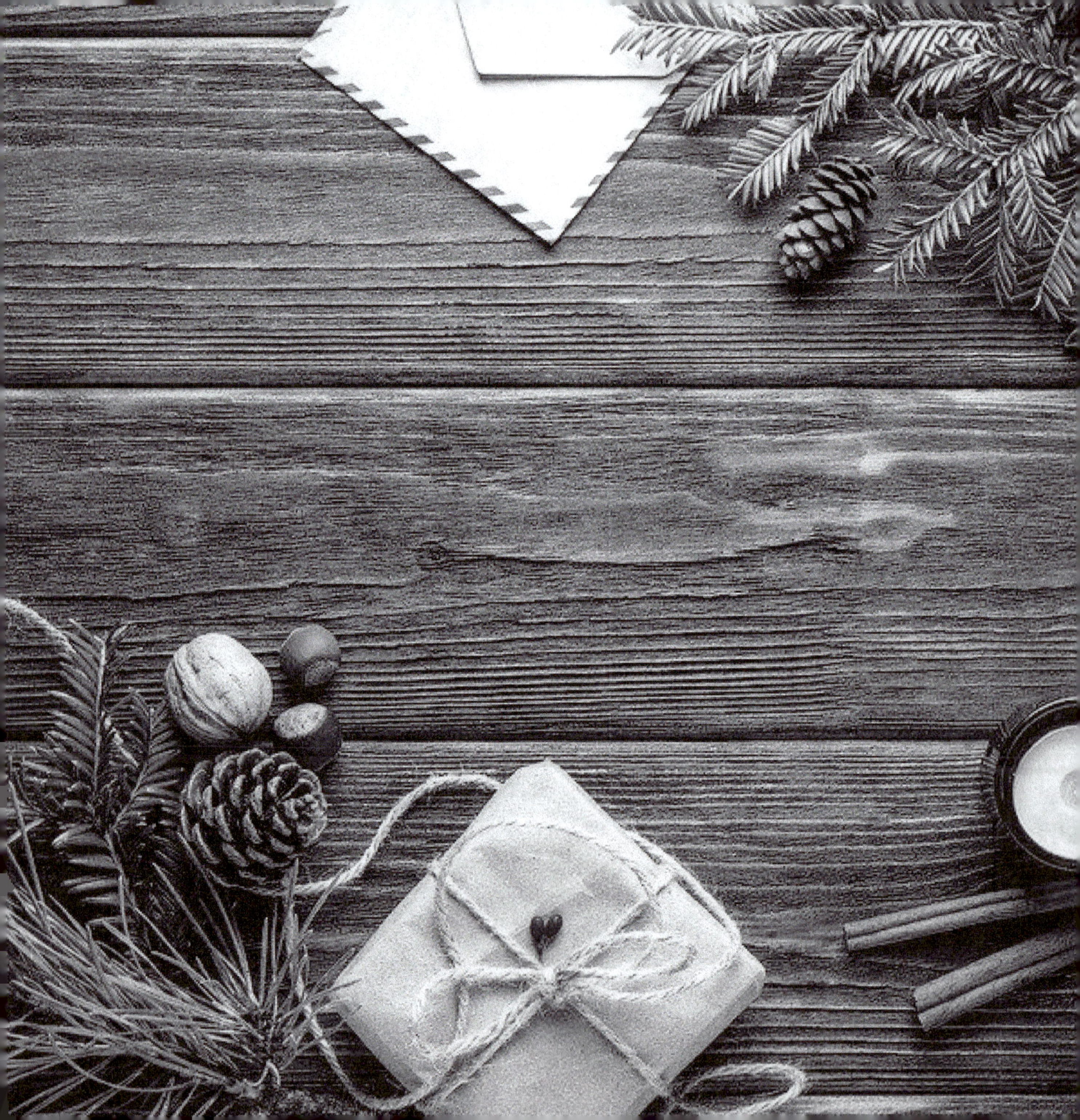

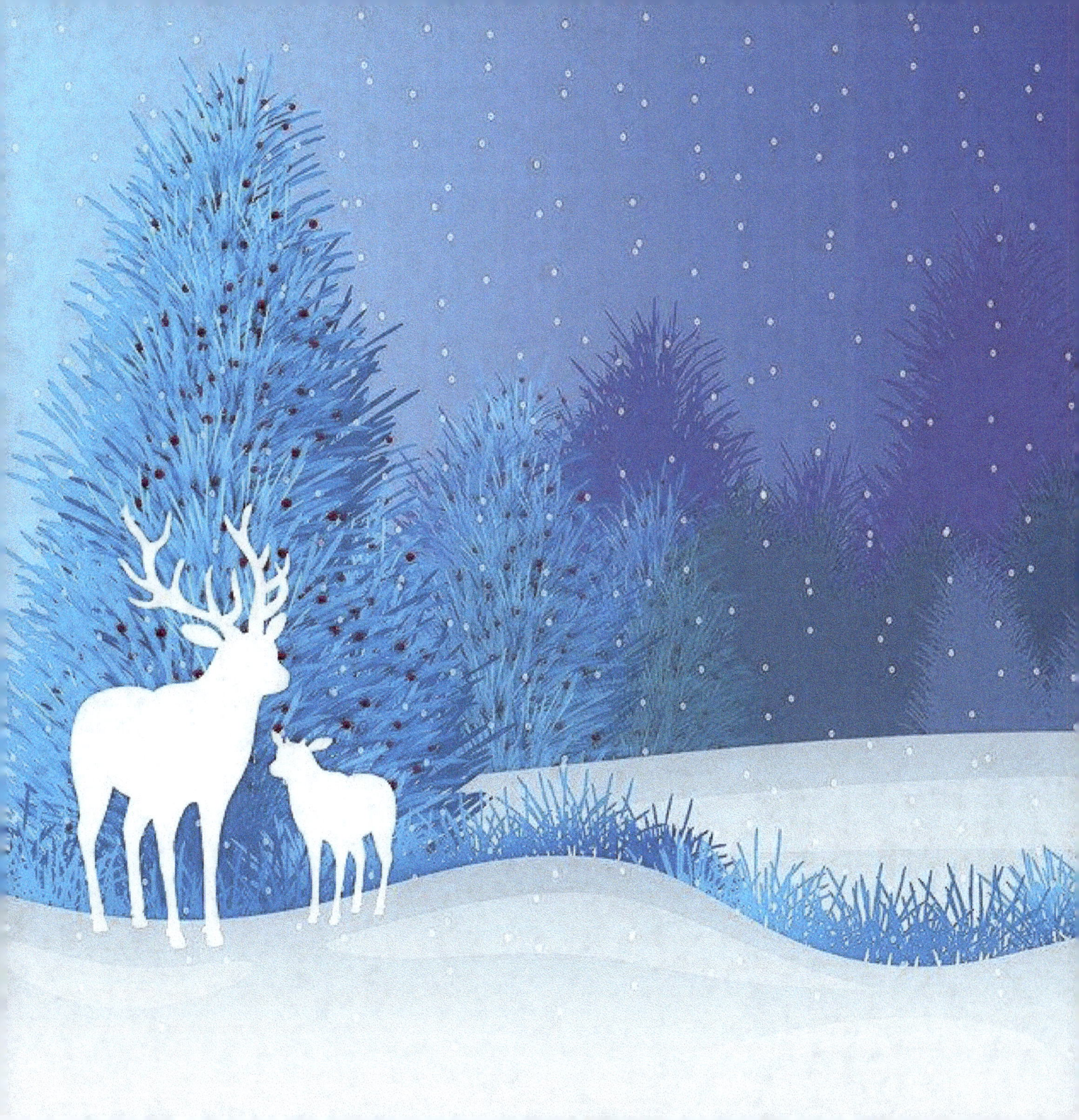

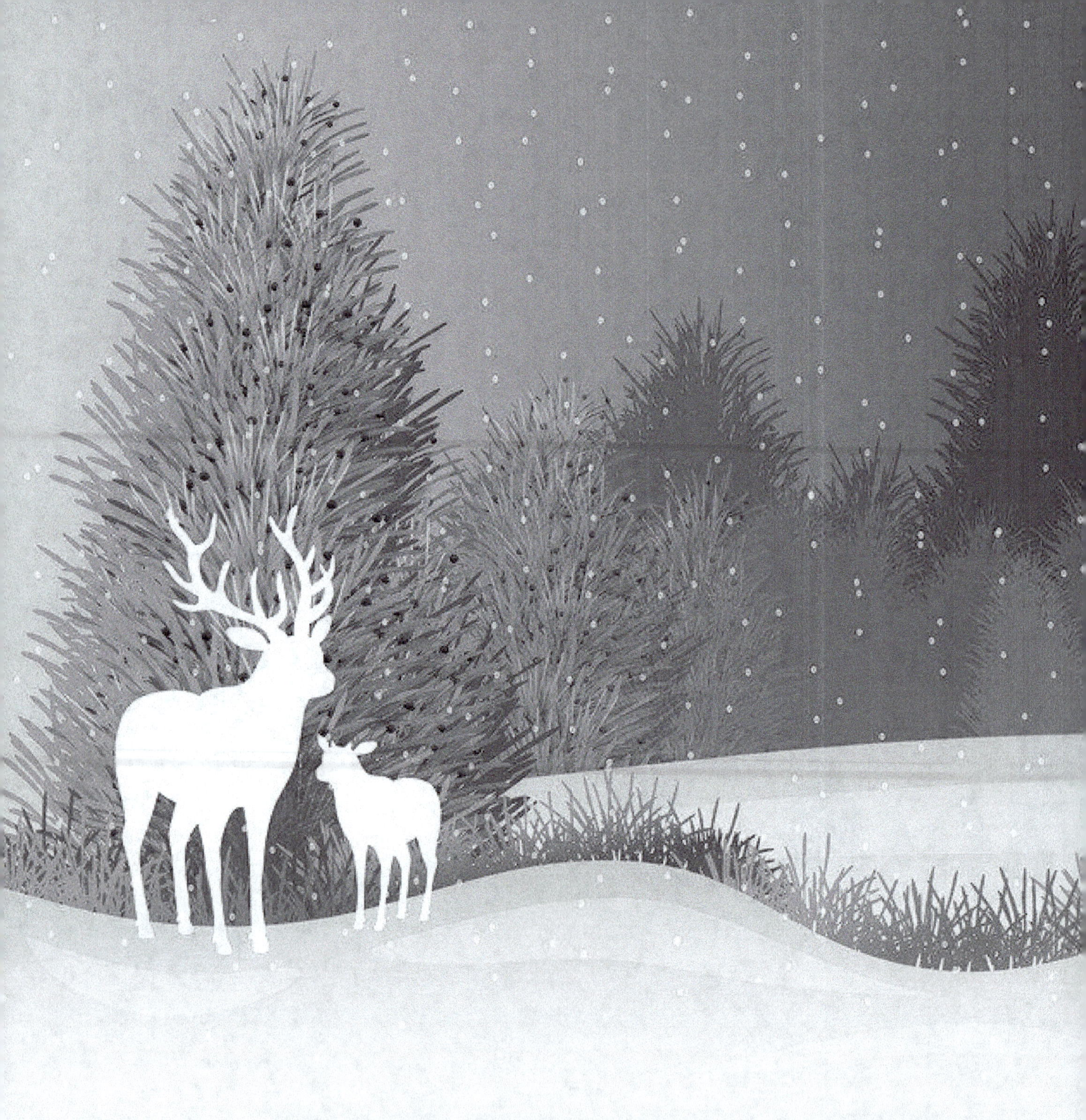

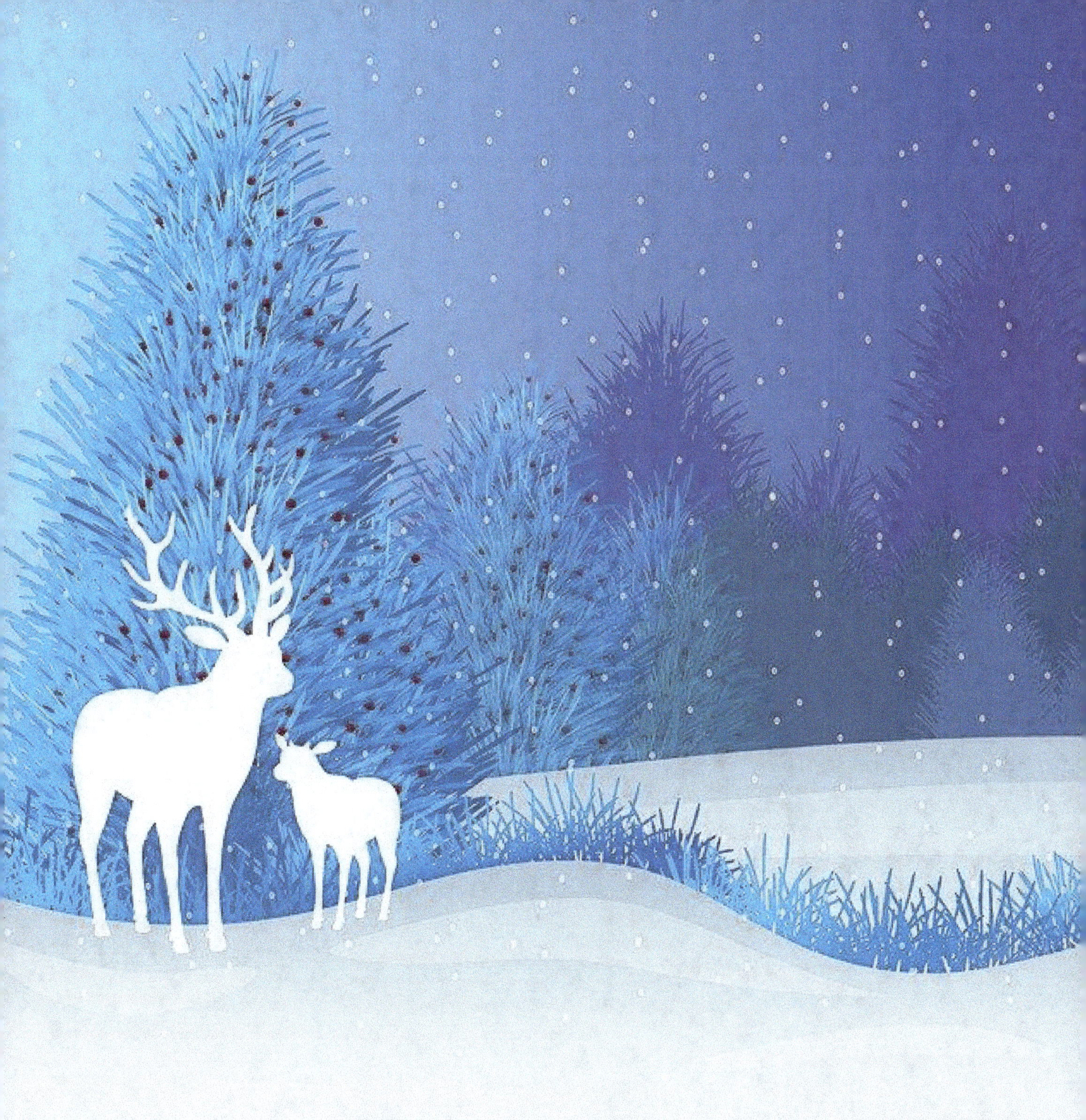

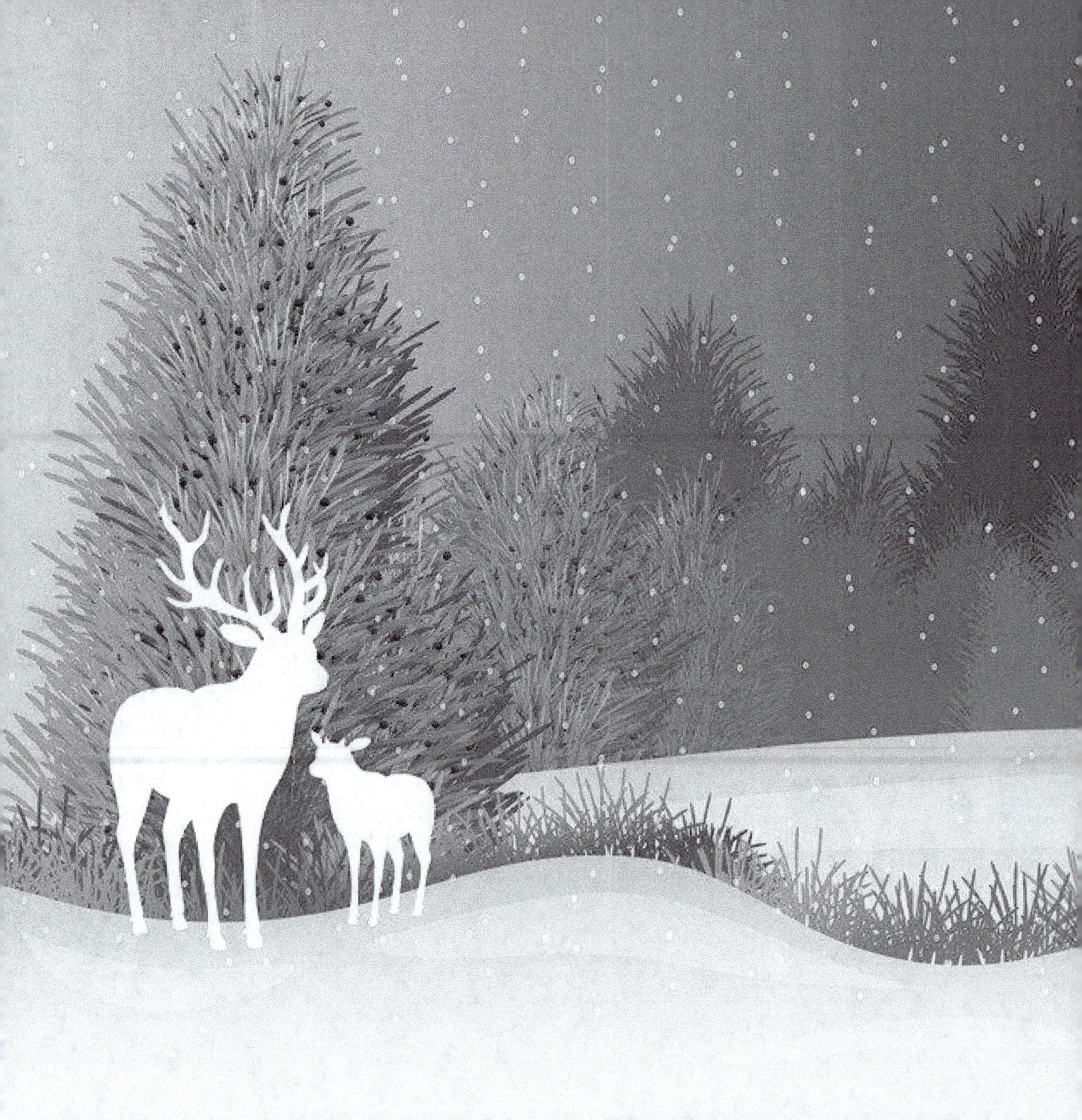

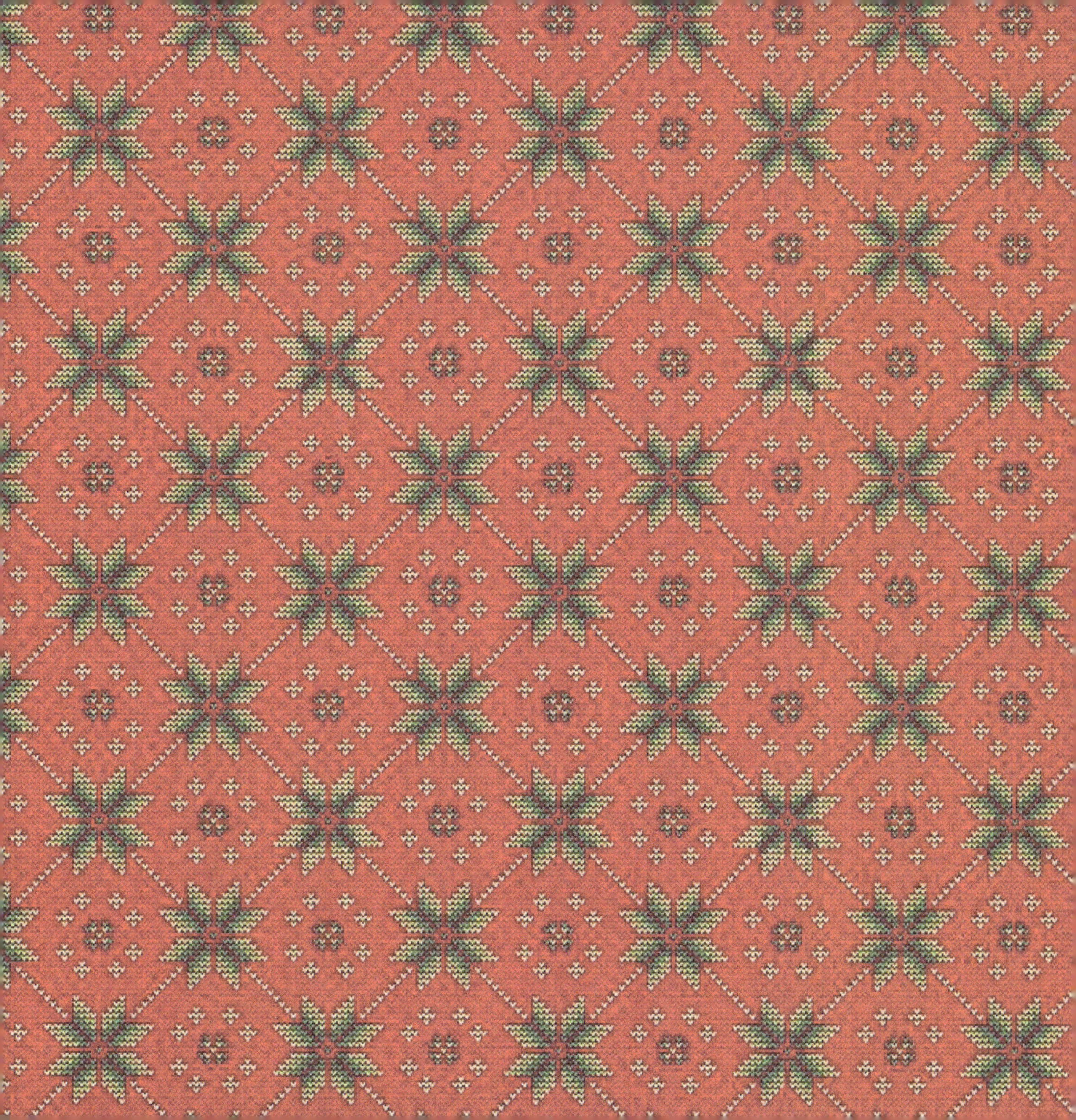

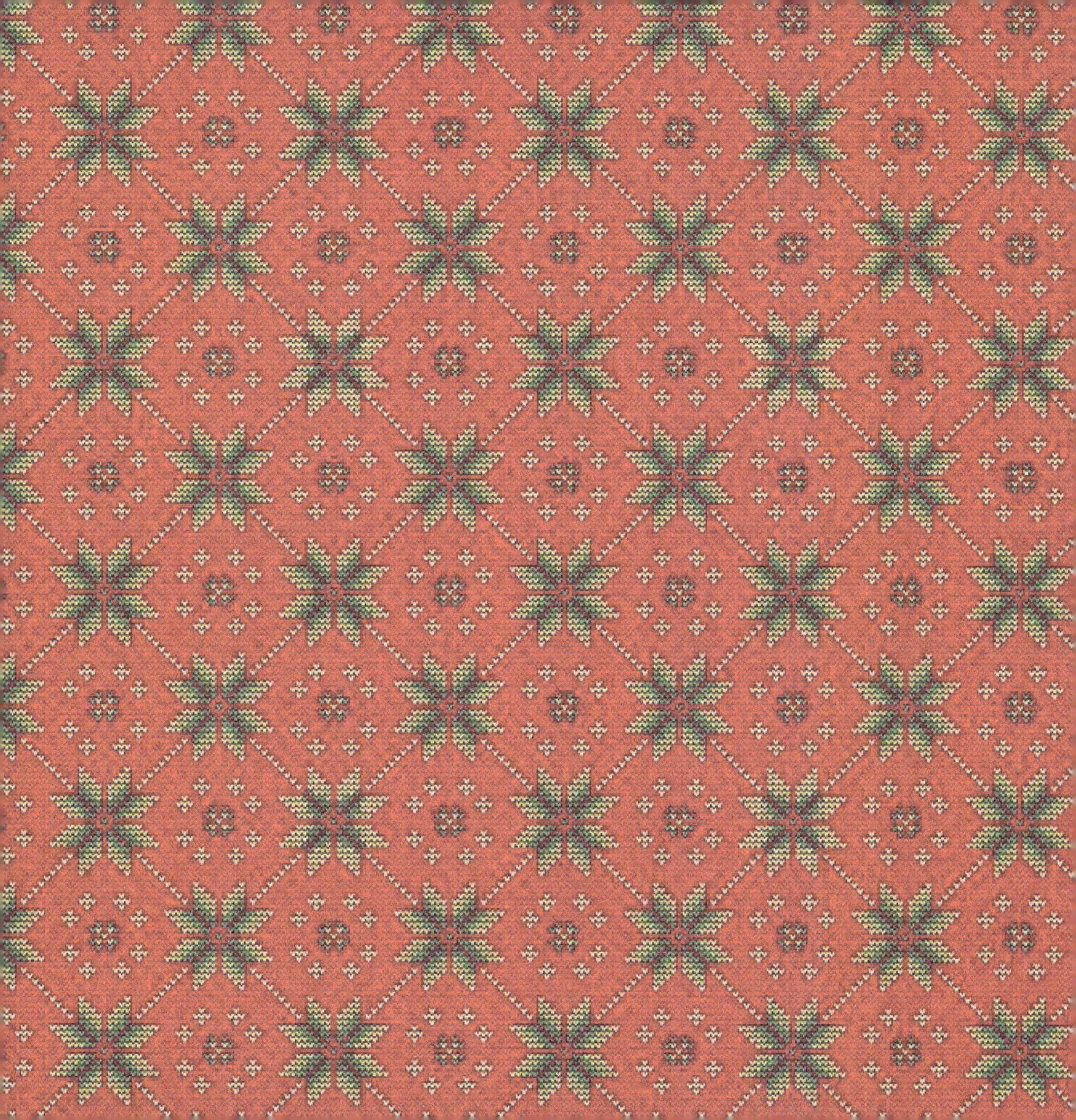

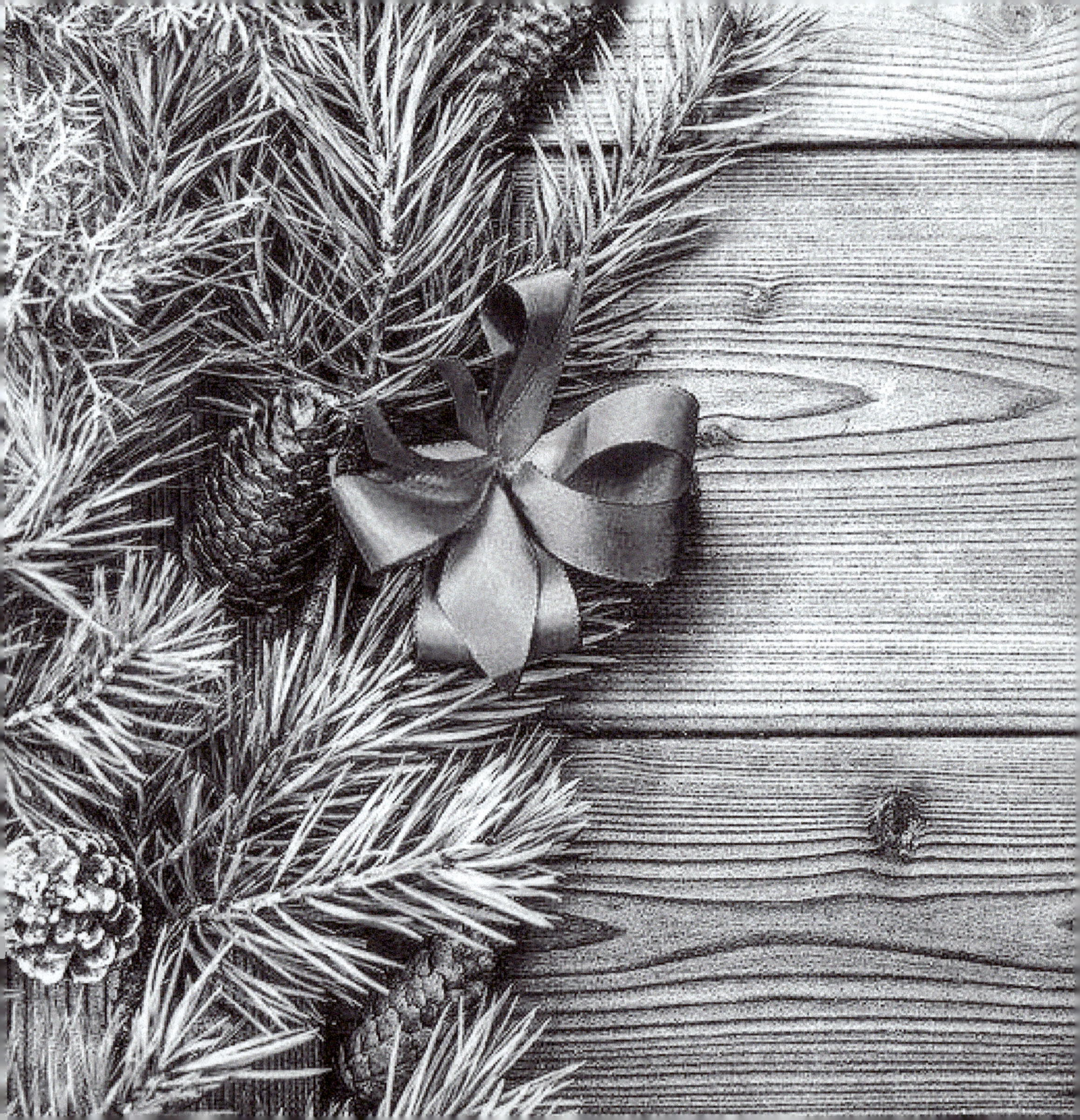

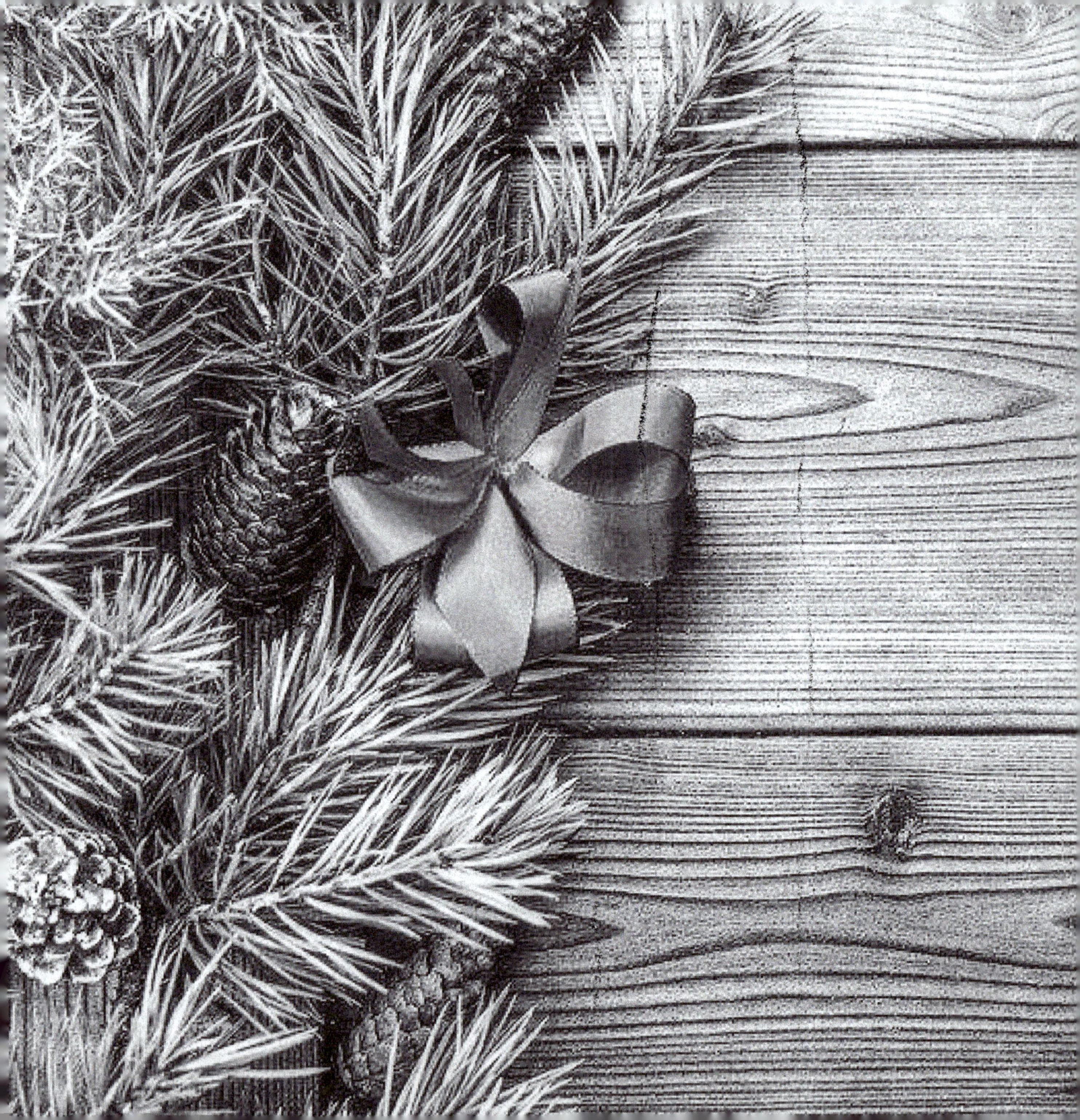